Hallo, liebe Freunde!

Jetzt kommen wir, die Amigurumi Tiere und Figuren! Wir sind die Begleiter der japanischen Mangas, aber bald sind wir auch eure Freunde. Holt euch einfach eine Häkelnadel und buntes Garn und schon kann der Häkelspaß beginnen! Mit den einfachen Anleitungen, dem Grundkurs zum Häkeln von Amigurumi, der Häkel-Geheimschrift und tollen Figurenzeichnungen habt ihr uns ganz schnell gemacht. Und dann nehmt uns immer mit! Wir machen gute Laune, beschützen euch und wir haben eine ganz besondere Eigenschaft. Damit ihr wisst, was das ist, lest doch als erstes einmal die Story auf den Seiten 16 und 17!

Viel Spaß mit uns wünschen euch eure neuen Freunde Sachiko, Natsuki, Akio und alle anderen!

Inhalt

Wichtig:

Für die Anfertigung aller Figuren brauchst du folgende Grundmaterialien:

- Häkelnadel Nummer 3,
- Sticknadel,
- Schere,
- Watte zum Stopfen der Körperteile,
- Garn zum Annähen der Knöpfe.

Beachte bitte, dass je nach Garnstärke und je nachdem, ob du lockerer oder fester häkelst, die Figuren vom Foto abweichen können!

Das Symbol ø bedeutet „Durchmesser"!

Schachenmayr
nomotta
Bravo
50 g
Der klassische
Alleskönner

So lernst du häkeln

Von der Anfangsschlinge bis zur Luftmaschenkette

1

Lege den Faden zu einer Schlaufe!

2

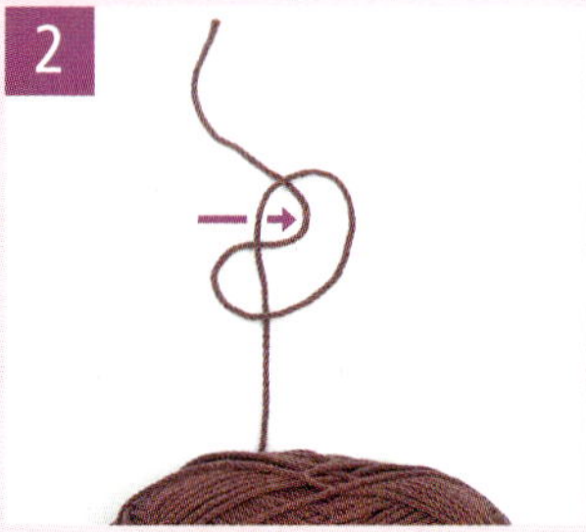

Ziehe den oberen Faden als Schlaufe von unten durch!

3

Ziehe die entstandene Schlinge fest!

4

Lege den Faden, der zum Knäuel führt, 2-mal um den Zeigefinger! Stecke die Häkelnadel durch die Schlinge und ziehe sie fest! Halte die Hände so, wie auf dem Bild zu sehen!

5

Hole den Faden! So hast du einen Umschlag auf der Häkelnadel.

6

Drehe die Häkelnadel etwas nach links!

7

Ziehe den Umschlag mit der Häkelnadel in Richtung Anfangsschlinge!

8

Ziehe den Umschlag mit der Häkelnadel durch die Anfangsschlinge! So erhältst du die erste Luftmasche.

9

Wiederhole 5. bis 8. solange, bis du die benötigte Anzahl an Luftmaschen hast! So erhältst du eine Luftmaschenkette.

Kettmasche

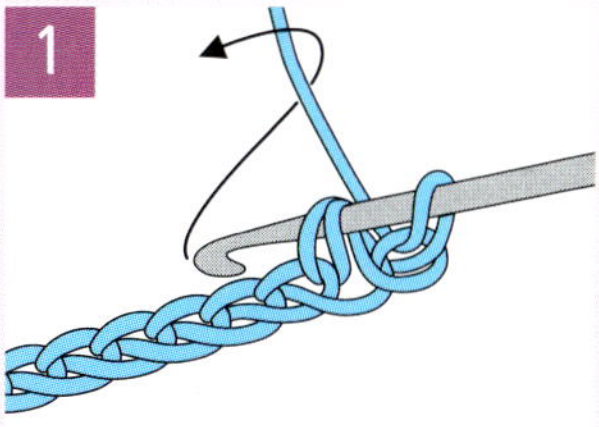

Häkle eine Luftmaschenkette und stich mit der Häkelnadel von vorne durch die vorletzte Luftmasche! Fasse dabei immer die 2 oberen Schlingen! Führe den Faden von hinten nach vorne um die Nadel!

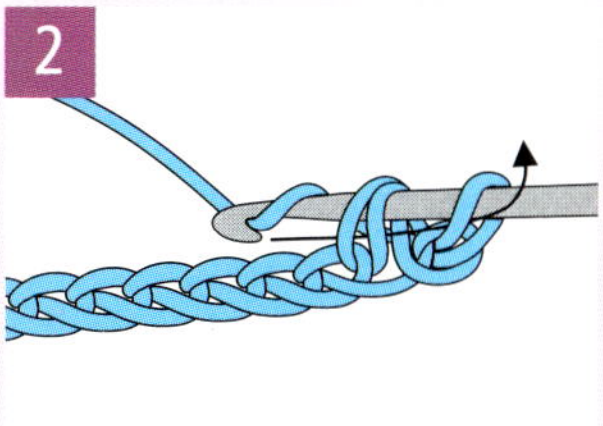

Du hast nun den Umschlag auf der Nadel. Ziehe diesen Umschlag weiter durch die auf der Nadel liegenden Schlingen!

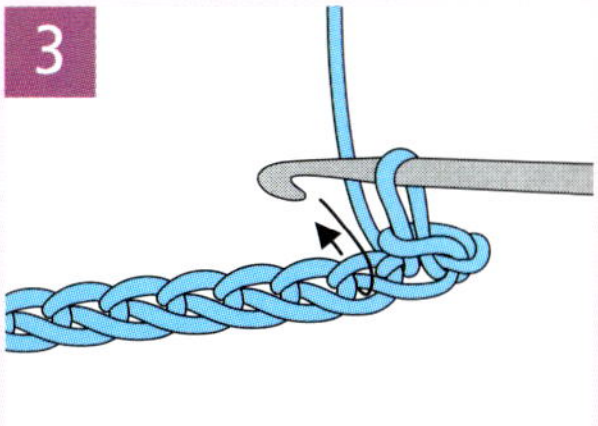

Die erste Kettmasche ist fertig. Wiederhole 1. und 2. für jede weitere Masche! Achte darauf, dass immer die 2 oberen Schlingen der Luftmasche aufgefasst werden!

Halbes Stäbchen

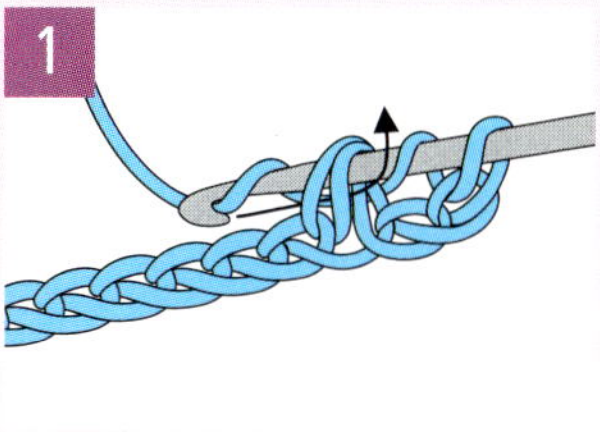

Die letzten 2 Luftmaschen sind Ersatz für das 1. halbe Stäbchen. Mache einen Umschlag! Durchstich die 2 oberen Schlingen der 3. Luftmasche, ziehe den Faden durch!

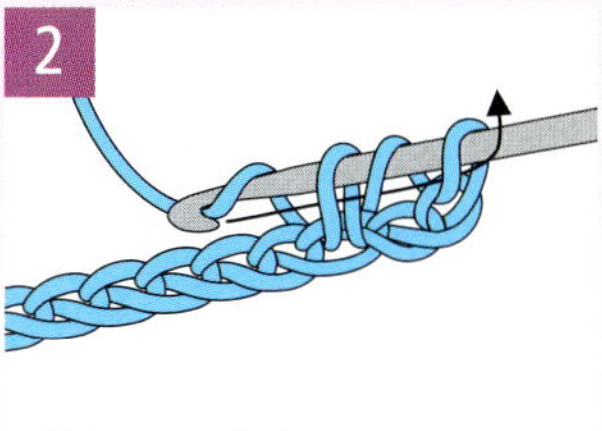

Jetzt sind 3 Schlingen auf der Nadel. Hole den Faden erneut! Ziehe den Faden durch die 3 Schlingen!

Wiederhole 2. und 3. für die folgenden Maschen bis zum Reihenende!

Kreis häkeln

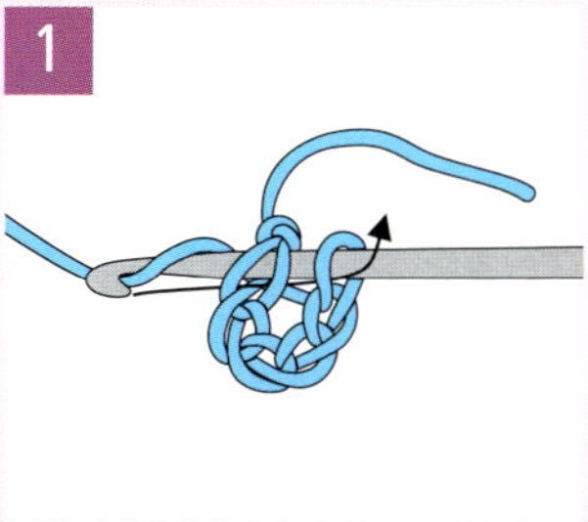

Häkle eine Luftmaschenkette mit 5 Maschen! Stich mit der Nadel in die 1. Masche ein! Schließe mit 1 Kettmasche die Luftmaschenkette zum Ring!

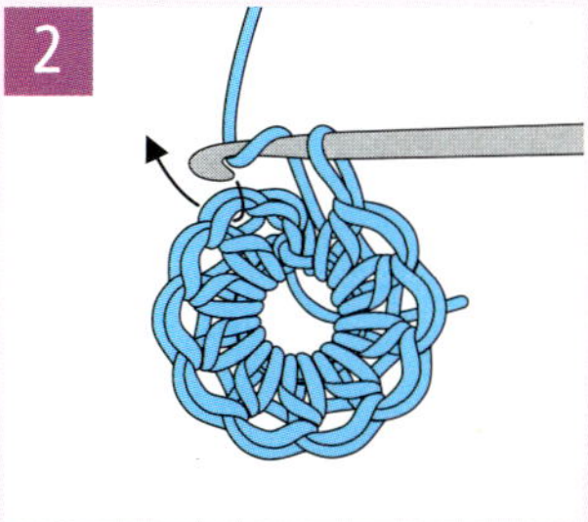

Häkle in der 1. Runde 2 Ersatzluftmaschen für das 1. halbe Stäbchen und 9 halbe Stäbchen in den Luftmaschenring!

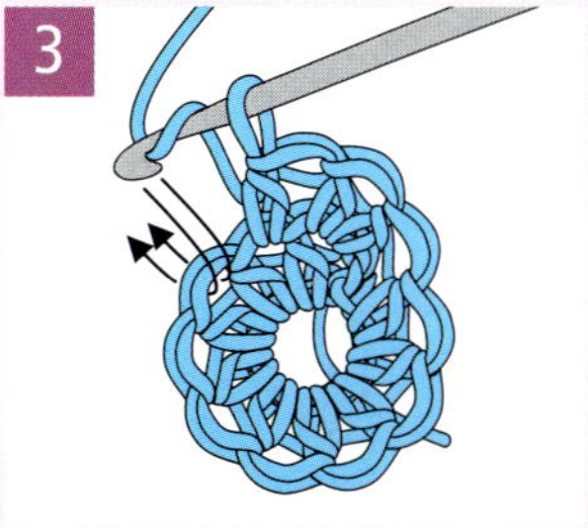

Häkle weiter abwechselnd 2 halbe Stäbchen in eine Masche, 1 halbes Stäbchen in eine Masche! Ab der 6. Runde häkle ohne Zunahme weiter!

Reihen häkeln

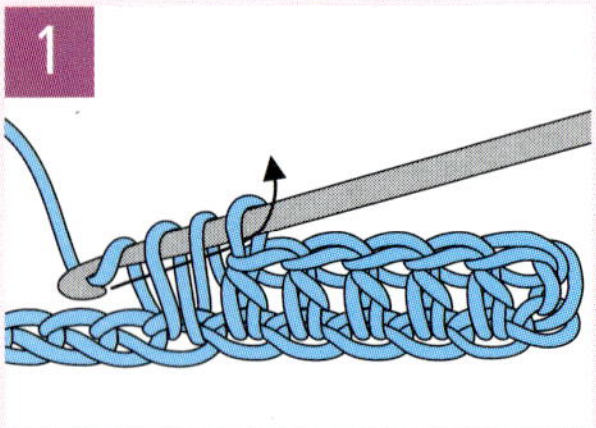

Häkle in der 1. Reihe von rechts nach links über die Luftmaschenkette (für Linkshänder: von links nach rechts)!

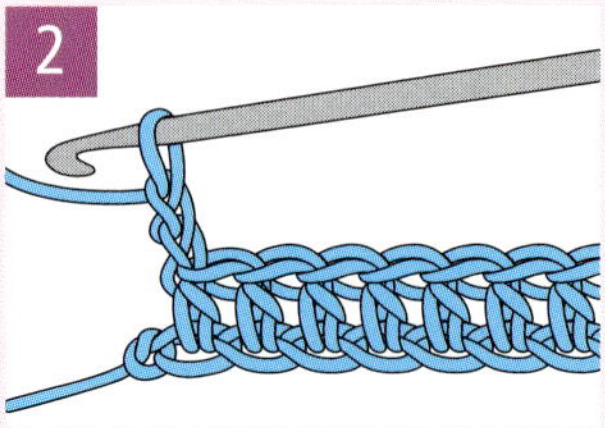

Am Ende der Reihe mache 2 Luftmaschen als Ersatz für das 1. halbe Stäbchen.

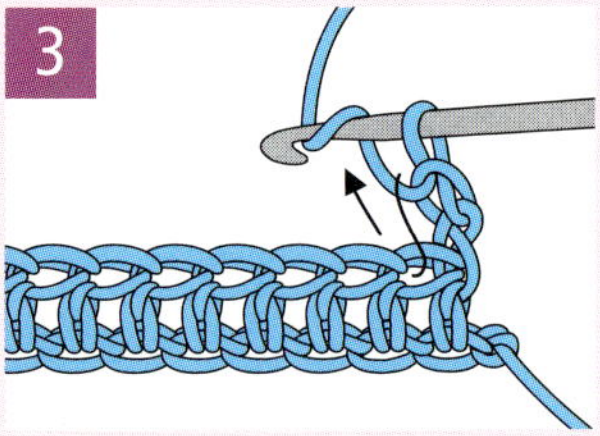

Wende die Arbeit! Die nächste Masche wird immer auf die 1. Masche der Vorreihe gearbeitet. Häkle weiter mit halben Stäbchen!

Maschenzunahme

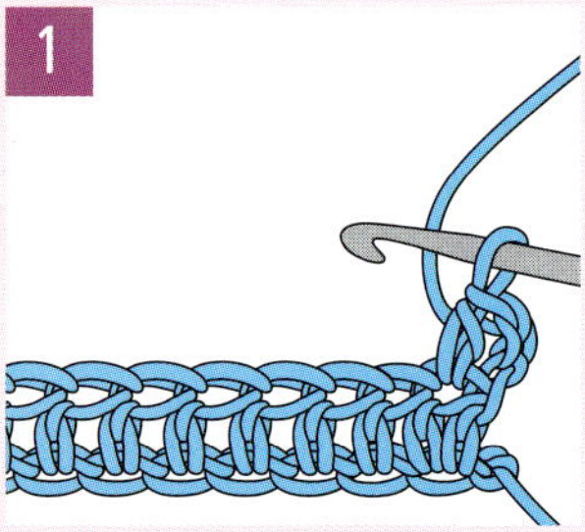

Am Anfang einer Reihe oder Runde: Häkle 2 halbe Stäbchen in die 1. Masche der Vorreihe!

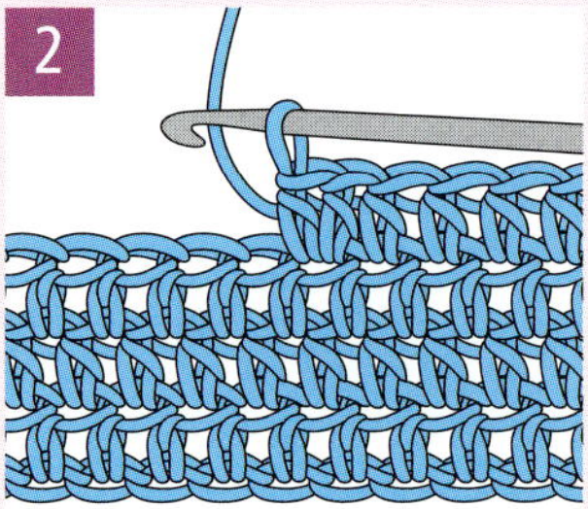

Innerhalb einer Reihe oder Runde: Häkle je nach Häkelschrift 2 halbe Stäbchen in die Masche der Vorreihe!

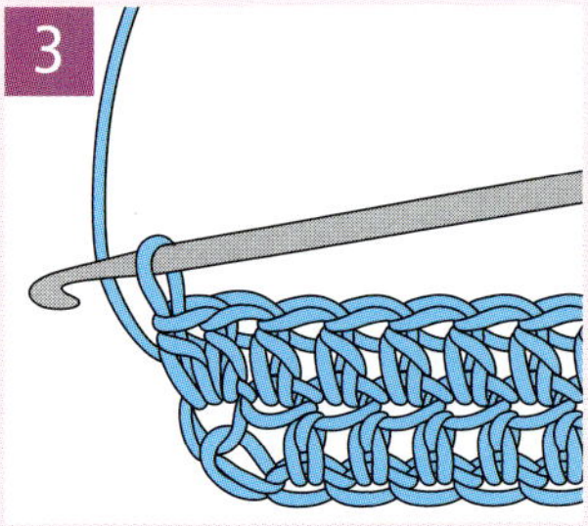

Am Ende einer Reihe oder Runde: Häkle 2 Maschen in die 2. Ersatzluftmasche der Vorreihe!

Maschenabnahme

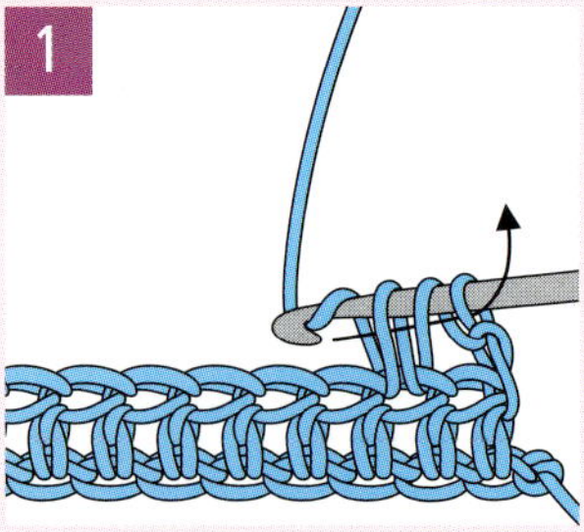

Am Reihenanfang häkle 1 Ersatzluftmasche! Dann häkle das 1. halbe Stäbchen in die 2. Masche der Vorreihe!

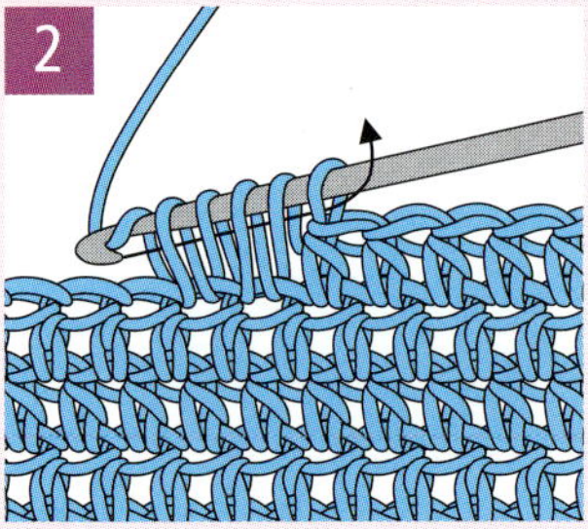

Innerhalb der Reihe hole aus 2 Maschen der Vorreihe die Schlingen für halbe Stäbchen! Dann häkle sie zusammen!

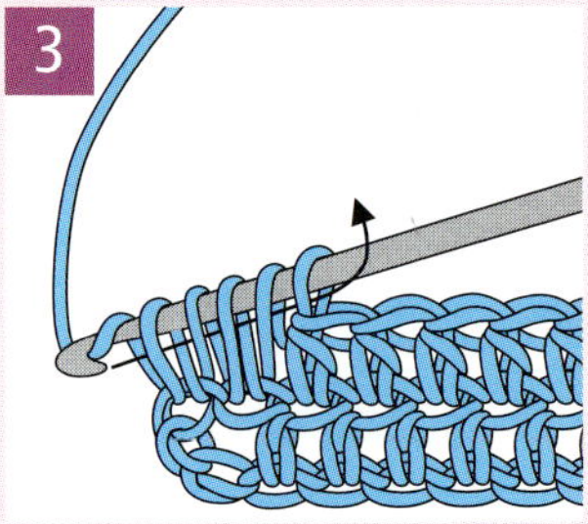

Am Ende der Reihe hole aus der letzten Masche und der 2. Ersatzluftmasche der Vorreihe die Schlingen für halbe Stäbchen! Dann häkle sie zusammen!

Die Häkel-Geheimschrift

Wenn du eine Figur häkeln willst, brauchst du eine Häkelschrift. Es ist sozusagen eine Geheimschrift zum Häkeln. Sie zeigt, welche Maschen du wohin häkeln musst. Schau dir also die Symbole genau an und was sie bedeuten!

Das bedeuten die Zeichen:

- * = Anfangsluftmasche, damit beginnst du immer
- • = Luftmasche
- ⌒ = Kettmasche
- T = halbes Stäbchen
- ↗ → = Häkelrichtung

Kreis

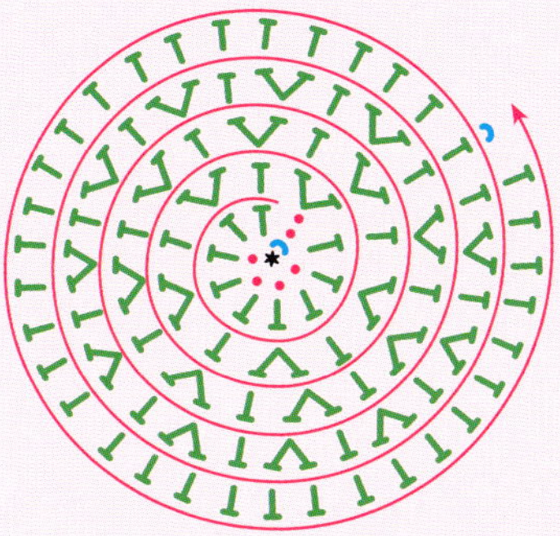

Oval

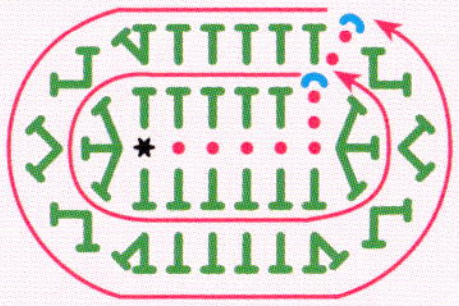

Rechteck

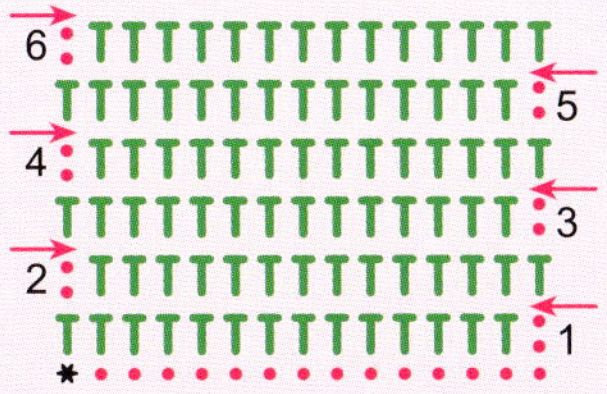

Dreieck

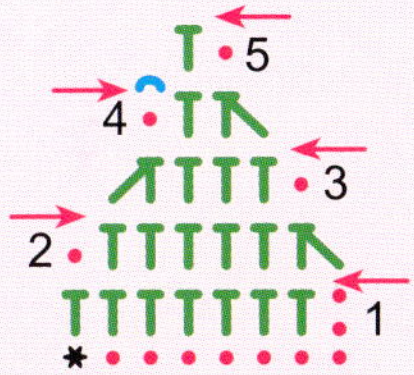

Auf den Faltseiten am Anfang des Buches findest du zu jeder Figur einzelne Häkelschriften von Kopf, Körper, Ohren, Armen, Füßen und so weiter. Wenn du eine Figur ausgesucht hast, wähle die passenden Häkelschriften mithilfe der Tabelle aus und lege sie vor dich hin! Lies sie und häkle los!

Tipp:

Kopiere die Häkelschrift und lege sie auf eine Styropor- oder Korkunterlage! Markiere mit einer Pinnnadel, wo du bist! Du kannst aber auch einfach mit dem Bleistift einen Strich machen, wo du gerade bist.

Tipp für Linkshänder:

Da du von links nach rechts häkelst, musst du die Häkelschrift spiegelverkehrt lesen. Geh in den Kopierladen und lass sie dir spiegelverkehrt kopieren! Dann musst du nicht während des Häkelns ständig umdenken.

Amigurumi häkeln

Kreisform für den Kopf häkeln

1. Häkle einen Kreis mit einem Durchmesser von ca. 11 cm! Im Grundkurs auf Seite 5 siehst du bei „Kreis häkeln", wie das geht!
2. Beende den Kreis mit 1 Kettmasche!
Für den Kopf benötigst du zwei Kreisformen. Wenn dein Kopf aus zwei Farben besteht, lies unter „Bein häkeln", wie du den Farbwechsel machst!

Kreisform halb zusammennähen

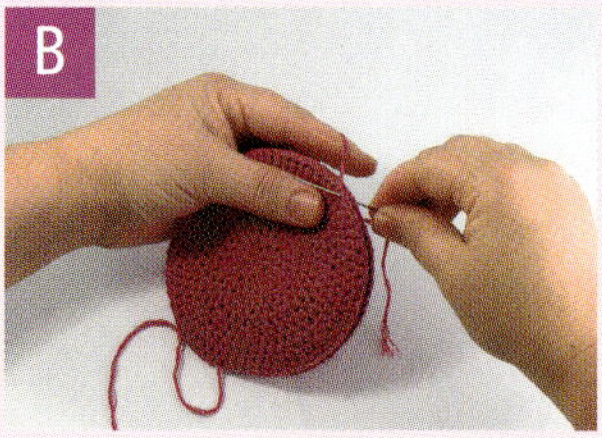

1. Lege die Kreise links auf links genau aufeinander!
2. Fädele einen Faden in die Nadel ein und mache am Fadenende einen Knoten!
3. Stich von außen nach innen am Kreisrand ein und zieh den Faden durch!
4. Nähe nun mit Heftstichen die Kreise am Rand entlang bis zur Hälfte zu!

Einlegen der Kugel und zunähen

1. Lege die Styroporkugel in die „Höhle"!
2. Nähe nun mit Heftstichen die Kugel am Rand entlang komplett zu!

Körper häkeln

1. Häkle einen Kreis mit einem Durchmesser von ca. 6 cm!
2. Nimm ca.1,5 cm lang zu! Häkle dabei in jeder Runde zu Beginn und in der Mitte 2 halbe Stäbchen in eine Masche!
3. Häkle dann ca. 4 cm mit Abnahme! Häkle dabei in jeder Runde zu Beginn und in der Mitte 2 halbe Stäbchen zusammen!
4. Ende mit 1 Kettmasche!

Bein häkeln mit Farbwechsel

1. Häkle einen Kreis mit einem Durchmesser von ca. 4 cm.
2. Häkle ca. 1 cm halbe Stäbchen weiter ohne Zunahme oder Abnahme!
3. Danach nimm ca. 1 cm lang ab! Häkle dabei in jeder Runde zu Beginn und in der Mitte jeweils 2 halbe Stäbchen zusammen!
4. Willst du die Farbe wechseln, lege einen neuen Faden an die Häkelnadel, zieh ihn als Schlinge durch und häkle weiter!
In den Anleitungen zu den einzelnen Figuren ist genau beschrieben, bei welcher Länge der Farbwechsel kommt.
5. Nimm nun ca. 2,5 cm lang ab! Häkle dabei in jeder Runde zu Beginn 2 halbe Stäbchen zusammen!
6. Ende mit 1 Kettmasche!

Arm häkeln

G

1. Häkle einen Kreis mit einem Durchmesser von ca. 2,5 cm!
2. Nimm ca. 4 cm lang ab! Häkle dabei in jeder Runde zu Beginn 2 halbe Stäbchen zusammen!
3. Beende die Häkelarbeit mit 1 Kettmasche!

Langes Ohr häkeln

H

1. Häkle einen Kreis mit einem Durchmesser von ca. 3 cm!
2. Dann nimm 1 cm lang zu! Häkle dabei in jeder Runde zu Beginn und in der Mitte jeweils 2 halbe Stäbchen in eine Masche!
3. Häkle nun ca. 10,5 cm lang eine Runde mit, eine Runde ohne Abnahme! In der Abnahmerunde häkle zu Beginn 2 halbe Stäbchen zusammen!
4. Ende mit 1 Kettmasche!

Körperteile stopfen

I

1. Stopfe mit mehreren kleinen Wattestücken die „Höhle" der zusammengenähten Form aus! Nimm, wenn du möchtest, einen Stift zur Hilfe!
2. Forme die Körperteile mit den Händen so, dass die angegebene Form entsteht!

Einzelteile aneinandernähen

J

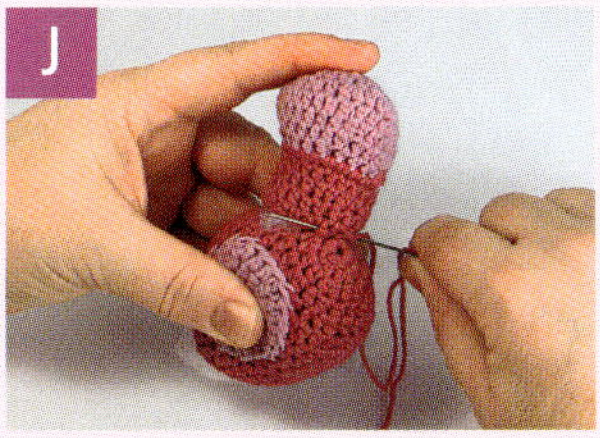

1. Nähe die Einzelteile mit Hilfe des Endfadens und einer Nähnadel an den Kopf und den Körper an! Schau dir am Ende des Buches den Bauplan und die Figurenzeichnungen genau an! Dort siehst du, wo welches Teil angenäht werden soll.
3. Vernähe die Fäden, die du nicht verwendest!

Gesichter aufsticken

K

1. Fädele den Faden in die Sticknadel und stich dort seitlich in die Figur, wo du sticken willst!
2. Sticke nun mit Plattstichen Mund, Nase und so weiter auf! Schau dir die Figurenzeichnungen genau an! Dort siehst du, wie die Stickerei aussehen soll.
3. Vernähe den Faden!

Haare einhäkeln

L

1. Schneide für die Haare die Fäden zurecht!
2. Lege die Fäden halb zusammen! So entsteht an einem Ende eine Schlaufe.
3. Stich mit der Häkelnadel unter einem halben Stäbchen durch und ziehe die Schlaufe durch!
4. Hole die zwei Fadenenden mit der Häkelnadel, ziehe sie durch die Schlaufe fest!
5. Wiederhole 3. und 4. mit jedem Faden!

Keiko

So häkelst du:

Beachte die Häkel-Geheimschrift und Figurenzeichnungen für den Tiger!

Kopf
Häkle zwei Kreise (ø ca. 11 cm) in Gelb-Rot-Gestreift! Wechsle alle 2 Runden die Farben!

Körper
Häkle einen Körper in Gelb-Rot-Gestreift! Wechsle alle 2 Runden die Farben!

Beine
1. Häkle zwei Beine in Gelb-Rot-Gestreift! Beginne mit Rot!
2. Ab der einfachen Abnahme (jede Runde 1 Masche) wechsle alle 2 Runden Gelb und Rot!

Arme
1. Häkle zwei Arme in Gelb-Rot-Gestreift! Beginne mit Rot!
2. Ab der einfachen Abnahme (jede Runde 1 Masche) wechsle alle 2 Runden Gelb und Rot!

Schwanz
1. Häkle einen Kreis (ø ca. 2,5 cm) in Rot!
2. Häkle nun ca. 1 cm mit Abnahme! Nimm dabei in jeder Runde 1 Masche ab!
3. Wechsle nun alle 2 Runden die Farben Gelb und Rot und häkle in Gelb ca. 2 cm mit Abnahme weiter!
4. Häkle ca. 8 cm ohne Abnahme!
5. Beende die Häkelarbeit mit 1 Kettmasche!

Maul
Häkle ein Oval von ca. 4,5 cm in Gelb!

Augenpunkte
Häkle zwei Kreise (ø ca. 2,5 cm) in Dunkelbraun!

Bauchpunkt
Häkle einen Kreis (ø ca. 4 cm) in Gelb!

Ohren
1. Häkle je ein Oval in Gelb und Rot von ca. 4,5 cm! Beginne jedoch nicht mit 6 sondern mit 8 Luftmaschen!
2. Falte jedes Oval mittig und nähe die offenen Ränder zu!

Und zum Schluss:

Fülle die Hohlformen mit Watte und der Styroporkugel! Nähe alle Teile zusammen! Nähe die Knöpfe als Augen an! Sticke die Nase in Dunkelbraun auf!

Das brauchst du:

- *dünnes Garn aus 100 % Polyacryl in Rot, Gelb und Dunkelbraun*
- *2 Knöpfe in Gelb, 1,8 cm ø*
- *Styroporkugel, 8 cm ø*

楽しい

Ich bin froh

Sachiko

So häkelst du:

Beachte die Häkel-Geheimschrift und Figurenzeichnungen für das Schaf!

Kopf

1. Häkle einen Kreis (ø ca. 11 cm) in Weiß!

2. Häkle einen zweiten Kreis (ø ca. 11 cm)! Beginne mit Türkis! Wechsle nach 6 cm die Farbe und häkle in Weiß weiter!

Körper

Häkle einen Körper in Weiß!

Beine

1. Häkle zwei Beine in Türkis-Weiß! Beginne mit Türkis!

2. Ab der einfachen Abnahme (jede Runde 1 Masche) häkle in Weiß weiter!

Arme

1. Häkle zwei Arme in Türkis-Weiß! Beginne mit Türkis!

2. Ab der einfachen Abnahme (jede Runde 1 Masche) häkle in Weiß weiter!

Stummelschwanz

Fertige einen Bommel in Weiß (Anleitung, siehe Seite 18)!

Maul

1. Häkle ein Oval in Türkis von ca. 4,5 cm!

2. Häkle ca. 2,5 cm weiter ohne Zunahme!

3. Beende die Häkelarbeit mit 1 Kettmasche!

Augenpunkte

Häkle zwei Kreise (ø ca. 2,5 cm) in Rosa!

Augenfransen

1. Schneide vier Fäden von 4 cm Länge zu!

2. Häkle die Fäden ein und schneide sie auf 1 cm Länge zurück! Im Grundkurs unter „Haare einhäkeln" siehst du, wie es gemacht wird.

Bauchpunkt

Häkle einen Kreis (ø ca. 4 cm) in Türkis!

Ohren

1. Häkle zwei halbe Ovale in Weiß! Schlage hierfür 7 Luftmaschen an!

2. Häkle 3 Reihen mit Zunahme!

3. Nähe die Ohren gefaltet zusammen!

Haare

1. Wickle einen ca. 40 cm langen Faden 6-mal um 2 Finger und nimm dann den aufgewickelten Faden mit der anderen Hand ab!

2. Knote in der Mitte die Schlaufen zusammen!

Mütze

1. Häkle einen Kreis (ø ca. 4 cm) in Hellgelb! Nimm dann in den folgenden 5 Runden in jeder Runde verteilt 6 Maschen zu!

2. Für die Quaste schneide 13 Fäden in einer Länge von 8 cm zu!

3. Lege sie aufeinander, falte sie zur Mitte und binde sie mit einem Faden zusammen!

4. Ziehe einen Faden von 12 cm Länge durch die Quaste und befestige ihn in der Kreismitte!

Und zum Schluss:

Fülle die Hohlformen mit Watte und der Styroporkugel! Nähe alle Einzelteile zusammen! Nähe die Knöpfe als Augen auf die Augenpunkte! Sticke die Nase auf!

Das brauchst du:

- *dünnes Garn aus 100 % Polyacryl in Hellgelb, Türkis, Rosa und Schwarz*
- *Flauschgarn in Weiß*
- *2 Knöpfe in Violett, 1,4 cm ø*
- *Styroporkugel, 8 cm ø*

静けさ

Ruhe

Kenzo

So häkelst du:

Beachte die Häkel-Geheimschrift und Figurenzeichnungen für den Hund!

Kopf
Häkle zwei Kreise (ø ca. 11 cm) in Hellblau!

Körper
Häkle einen Körper in Hellblau!

Beine
1. Häkle zwei Beine in Königsblau-Hellblau! Beginne mit Königsblau!
2. Ab der einfachen Abnahme (jede Runde 1 Masche) häkle in Hellblau weiter!

Arme
1. Häkle zwei Arme, einen in Königsblau-Hellblau, einen in Weiß-Hellblau! Beginne mit Königsblau bzw. Weiß!
2. Ab der einfachen Abnahme (jede Runde 1 Masche) häkle in Hellbau weiter!

Schwanz
1. Häkle einen Kreis (ø ca. 2,5 cm) in Königsblau!
2. Häkle nun ca. 3 cm mit Abnahme! Nimm dabei in jeder Runde 1 Masche ab!
3. Wechsle die Farbe und häkle in Hellblau ca. 8 cm ohne Abnahme weiter!
4. Beende die Häkelarbeit mit 1 Kettmasche!

Maul
1. Häkle ein Oval in Königsblau von ca. 4,5 cm!
2. Häkle ca. 2,5 cm weiter ohne Zunahme!
3. Beende die Häkelarbeit mit 1 Kettmasche!

Ohren
1. Häkle je einen Kreis (ø ca. 3 cm) in Königsblau!
2. Dann nimm ca. 1 cm lang zu! Häkle dabei in jeder Runde zu Beginn und in der Mitte jeweils 2 halbe Stäbchen in eine Masche!
3. Häkle nun ca. 8 cm lang eine Runde mit, eine Runde ohne Abnahme! In der Abnahmerunde häkle zu Beginn 2 halbe Stäbchen zusammen!
4. Häkle nach 3 cm in Hellblau weiter!
5. Beende die Häkelarbeit mit 1 Kettmasche!

Augenpunkte
1. Häkle zwei Kreise (ø ca. 2,5 cm) in Hellblau!
2. Beende die Häkelarbeit mit 1 Runde Kettmaschen in Schwarz!

Bauchpunkt
Häkle einen Kreis (ø ca. 4 cm) in Königsblau!

Gipsverband für das Bein
1. Häkle eine Luftmaschenkette mit 25 Luftmaschen und 3 Reihen halbe Stäbchen in Weiß! Beginne jede Reihe mit 2 Ersatzluftmaschen!
2. Lege das Rechteck um das Bein herum und nähe die Ränder zusammen!

Stirnband
1. Schlage 56 Luftmaschen in Weiß an, schließe sie mit 1 Kettmasche zu einem Ring!
2. Mache 2 Ersatzluftmaschen und häkle 1 Runde halbe Stäbchen in Weiß und 1 Runde in Königsblau!
3. Beende die Häkelarbeit mit 1 Kettmasche!

Leine
1. Häkle eine Kette mit 130 Luftmaschen!
2. Häkle 2 Ersatzluftmaschen und beende die Reihe mit halben Stäbchen!
3. Falte das eine Ende 4 cm nach innen und nähe es fest!

Und zum Schluss:

Fülle die Hohlformen mit Watte und der Styroporkugel! Nähe alle Teile zusammen! Nähe die Knöpfe als Augen auf die Augenpunkte! Sticke Nase und Mund in Schwarz auf! Befestige die Hundeleine!

Das brauchst du:

- *dünnes Garn aus 100 % Polyacryl in Königsblau, Hellblau, Weiß und Schwarz*
- *2 Knöpfe, 2 cm ø*
- *Styroporkugel, 8 cm ø*

Die Amigurumi-Story

1. Am Anfang war die Kugel, und die rollte so durch die Welt und dachte sich: „Hey, ich könnte ja auch mal ganz anders aussehen. Ich werde jetzt ein ...

2. ... Fisch!“ Gedacht - getan. Und der Fisch schwamm so durch die Welt und dachte: „Hey, ich könnte Freunde finden gehen, also werde ich ein ...

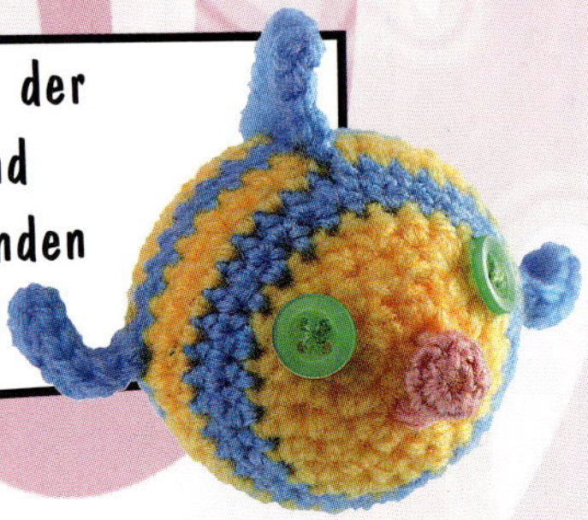

3. ... Amigurumi! Das ist toll, denn ich kann Menschen treffen, Spaß haben und auch mit ihnen kommunizieren. Hmmm, aber wie? Ich versuch's mal mit meinem Bauch ...“

4. "Super! Jetzt bin ich ein großes Amigurumi und habe tolle Sachen dabei. Ich bin stolz auf mein Skateboard ..."

... und was sagt
dein Bauch?
Ich will Action!!
Ich bin verliebt!
Wenn du mehr wissen willst...
www.amigurumis.de

Yukiko

So häkelst du:

Beachte die Häkel-Geheimschrift und die Figurenzeichnungen für den Pinguin!

Kopf
Häkle zwei Kreise (ø ca. 8,5 cm) in Schwarz! Verwende die Häkelschrift 1, nur häkle 3 Runden weniger!

Körper
1. Häkle einen Kreis (ø ca. 6 cm) in Schwarz!
2. Häkle ca. 3 cm weiter mit Zunahme! Nimm dabei in jeder Runde am Anfang und auch mittig 2 Maschen zu!
3. Häkle dann ca. 8 cm mit Abnahme! Nimm dabei in jeder Runde am Anfang und auch mittig 2 Maschen ab!
4. Beende die Häkelarbeit mit 1 Kettmasche!

Beine
1. Häkle pro Bein einen Kreis (ø ca. 4 cm) in Weiß!
2. Wechsle die Farbe, arbeite in Weiß ohne Zunahme oder Abnahme weiter!

Flügel
1. Häkle zwei Arme in Schwarz!
2. Lege sie jeweils flach zusammen!

Augenpunkte
Häkle zwei Kreise (ø ca. 2,5 cm) in Weiß!

Bauchpunkt
Häkle einen Kreis (ø ca. 4 cm) in Weiß!

Schnabel
1. Häkle ein Dreieck von ca. 2 cm in Ockergelb!
2. Beende die Häkelarbeit, indem du die Kettmasche in die Ersatzluftmasche der Vorreihe häkelst!
3. Nähe die Seiten des Dreiecks zusammen!

Schal
1. Häkle eine Kette mit 50 Luftmaschen und 6 Reihen halbe Stäbchen in Weiß! Beginne jede Reihe mit 2 Ersatzluftmaschen!
2. Wechsle dabei alle 2 Reihen die Farben Hellblau und Weiß!
3. Schneide 12 Fäden in einer Länge von 4 cm zu, je 6 Fäden in Blau und Weiß!
4. Häkle die Fäden an den Schalenden ein! Im Grundkurs unter „Haare einhäkeln" siehst du, wie es gemacht wird.
5. Schneide die Fäden auf eine Länge von 1 cm zurück!

Mütze
1. Schlage 42 Luftmaschen in Weiß an, schließe sie mit 1 Kettmasche zu einem Ring!
2. Mache zwei Ersatzluftmaschen und häkle nun 1 Runde halbe Stäbchen!
3. Häkle nun 13 Runden mit Abnahme! Nimm dabei in jeder Runde verteilt 3 Maschen ab! Wechsle dabei alle 2 Runden die Farben Hellblau und Weiß!
4. Ziehe durch die letzten 3 Maschen den Faden!

Bommel
1. Schneide zwei Scheiben aus Pappe aus! Der innere Kreis hat einen Durchmesser von 1,5 cm, der äußere einen von 4 cm!
2. Lege die Scheiben aufeinander und umwickle sie rundherum mit einem zweifachen Faden aus Hellblau und Weiß, bis die innere Öffnung geschlossen ist!
3. Stich mit der Schere durch das gewickelte Garn zwischen die zwei Scheiben und schneide das Garn auf!
4. Wickle einen Faden fest um das Garn zwischen den Scheiben! Dann löse die Scheiben!

Und zum Schluss:

Fülle die Hohlformen mit Watte! Nähe alle Teile zusammen! Nähe die Knöpfe als Augen auf die Augenpunkte! Dann ziehe der Figur Mütze und Schal an!

Das brauchst du:

- *dünnes Garn aus 100 % Polyacryl in Schwarz, Hellblau, Ockergelb und Weiß*
- *2 Knöpfe in Schwarz, 1 cm ø*
- *Styroporkugel, 6 cm ø*

Taiki

So häkelst du:

Beachte die Häkel-Geheimschrift und die Figurenzeichnungen für den Affen!

Kopf

1. Häkle einen Kreis (ø ca. 11 cm) in Hellorange!

2. Häkle einen zweiten Kreis (Durchmesser ca. 11 cm)! Beginne mit Beige! Wechsle nach 6 cm die Farbe und häkle in Hellorange weiter!

Körper

Häkle einen Körper in Hellorange!

Beine

1. Häkle zwei Beine in Orange-Hellorange! Beginne mit Orange!

2. Ab der einfachen Abnahme (jede Runde 1 Masche) häkle in Hellorange weiter!

Arme

1. Häkle zwei Arme in Orange-Hellorange! Beginne mit Orange!

2. Ab der einfachen Abnahme (jede Runde 1 Masche) häkle in Hellorange weiter!

Schwanz

1. Häkle einen Kreis (ø ca. 2,5 cm) in Orange!

2. Häkle ca. 3 cm mit Abnahme! Nimm dabei in jeder Runde 1 Masche ab!

3. Wechsle die Farbe und häkle in Hellorange ca. 8 cm ohne Abnahme weiter!

4. Beende die Häkelarbeit mit 1 Kettmasche!

Ohren

1. Häkle zwei Kreise (ø ca. 3 cm) in Hellorange!

2. Häkle zwei Kreise (ø ca. 2,5 cm) in Orange!

2. Nähe mit Heftstichen den kleinen auf den großen Kreis!

Maul

1. Häkle ein Oval in Beige von ca. 4,5 cm!

2. Häkle ca. 2,5 cm weiter ohne Zunahme!

3. Beende die Häkelarbeit mit 1 Kettmasche!

Augenpunkte

Häkle zwei Kreise (ø ca. 2,5 cm) in Grün!

Bauchpunkt

Häkle einen Kreis (ø ca. 4 cm) in Grün!

Und zum Schluss:

Fülle die Hohlformen mit Watte und der Styroporkugel! Nähe alle Einzelteile zusammen! Lege jeweils den kleinen auf den großen Knopf und nähe sie als Augen auf die Augenpunkte! Sticke die Nase in Dunkelbraun auf!

Das brauchst du:

- *dünnes Garn aus 100 % Polyacryl in Orange, Hellorange, Grün, Dunkelbraun und Beige*
- *2 Knöpfe in Orange, 1,8 cm ø*
- *2 Knöpfe in Schwarz, 1 cm ø*
- *Styroporkugel, 8 cm ø*

編ぐるみ

Amigurumi

Susuuu

So häkelst du:

Beachte die Häkel-Geheimschrift und die Figurenzeichnungen für den Panda!

Kopf
Häkle zwei Kreise (ø ca. 11 cm) in Weiß!

Körper
Häkle einen Körper in Schwarz!

Beine
1. Häkle zwei Beine in Rot-Schwarz! Beginne mit Rot!
2. Ab der einfachen Abnahme (jede Runde 1 Masche) häkle in Schwarz weiter!

Arme
1. Häkle zwei Arme in Weiß-Schwarz! Beginne mit Weiß!
2. Ab der einfachen Abnahme (jede Runde 1 Masche) häkle in Schwarz weiter!

Ohren
1. Häkle zwei Kreise (ø ca. 2,5 cm) in Weiß!
2. Häkle als Abschluss 1 Runde Kettmaschen, davon 5 in Weiß, die restlichen in Schwarz!

Augenpunkte
1. Häkle zwei Kreise (ø ca. 2,5 cm) in Hellblau!
2. Häkle als Abschluss 1 Runde Kettmaschen in Schwarz!

Bauchpunkt
Häkle ein Oval von ca. 3 cm in Weiß! Verwende die Häkelschrift 8, nur häkle 1 Runde weniger!

Schirmmütze
1. Häkle einen Kreis (ø ca. 3 cm) in Rot!
2. Nimm in den folgenden 6 Runden jeweils zu Beginn und in der Mitte der Runde 1 halbes Stäbchen zu! Häkle 1 Kettmasche!
3. Für den Schirm der Mütze häkle nun in 9 Maschen abwechselnd 1 halbes Stäbchen in eine Masche, 2 halbe Stäbchen in eine Masche!
4. Häkle 2 Ersatzmaschen und 1 Reihe halbe Stäbchen!
5. Nun umhäkle die Mütze mit Kettmaschen!

Skateboard mit Riemen
1. Häkle zwei Ovale mit ca. 12 cm Länge in Graublau! Beginne jedoch nicht mit 6 sondern mit 18 Luftmaschen und häkle 4 Runden!
2. Beende jedes Oval mit 1 Kettmasche!
3. Schneide ein Stück Pappe in der Größe des Ovals zu!
4. Lege die zwei Ovale links auf links zusammen! Schiebe zwischen die beiden die Pappe!
5. Nun häkle die zwei Ovale mit 1 Runde Kettmaschen zusammen!
6. Stecke jeweils auf die zwei Enden des Zahnstochers die Holzperlen und klebe sie fest! Nähe die zwei Radgestänge unter das Skateboard!
7. Für den Riemen häkle eine Luftmaschenkette mit 38 Luftmaschen, 2 Ersatzluftmaschen und 1 Reihe halbe Stäbchen!

Und zum Schluss:

Fülle die Hohlformen mit Watte und der Styroporkugel! Nähe alle Einzelteile zusammen! Nähe die Knöpfe als Augen auf die Augenpunkte! Sticke die Nase auf! Fädele zwei schwarze Fäden als Schnürsenkel durch das rote Stück der Beine! Nähe den Riemen an das Skateboard!

Das brauchst du:

- *dünnes Garn aus 100 % Polyacryl in Weiß, Schwarz, Hellblau, Graublau und Rot*
- *2 Knöpfe in Schwarz, 1,2 cm ø*
- *Styroporkugel, 8 cm ø*
- *4 flache Holzperlen in Ocker, 1,5 cm ø*
- *2 Zahnstocher*
- *Holzleim*

Midori

So häkelst du:

Beachte die Häkel-Geheimschrift und die Figurenzeichnungen für den Hasen!

Kopf
1. Häkle einen Kreis (ø ca. 11 cm) in Gelb!
2. Häkle einen zweiten Kreis mit einem Durchmesser von 11 cm! Beginne mit Olivgrün! Wechsle nach 10 cm die Farbe, häkle in Gelb weiter!

Körper
Häkle einen Körper in Gelb!

Beine
1. Häkle zwei Beine in Olivgrün-Gelb! Beginne mit Olivgrün!
2. Ab der einfachen Abnahme (jede Runde 1 Masche) häkle in Gelb weiter!

Arme
1. Häkle zwei Arme in Olivgrün-Gelb! Beginne mit Olivgrün!
2. Ab der einfachen Abnahme (jede Runde 1 Masche) häkle in Gelb weiter!

Maul
1. Häkle ein Oval in Olivgrün von ca. 4,5 cm!
2. Häkle ca. 2,5 cm weiter ohne Zunahme!
3. Beende die Häkelarbeit mit 1 Kettmasche!

Augenpunkte
Häkle zwei Kreise (ø ca. 2,5 cm) in Pink!

Bauchpunkt
Häkle ein Oval von ca. 3 cm in Orange! Verwende die Häkelschrift 8, nur häkle 1 Runde weniger!

Ohren
1. Häkle zwei lange Ohren! Beginne mit Gelb!
2. Ab der einfachen Abnahme (1 Runde 1 Masche, 1 Runde ohne Abnahme) häkle für das eine Ohr in Olivgrün-Gelb-Gestreift weiter! Wechsle dabei alle 2 Runden die Farben!
3. Für das andere Ohr häkle in Olivgrün weiter!

Zähne
Häkle 4 Luftmaschen in Weiß, 2 Ersatzmaschen und 1 Reihe halbe Stäbchen!

Möhre
1. Häkle einen Kreis (ø 3 cm) in Orange!
2. Häkle 3 cm ohne Zunahme, 4,5 cm mit Abnahme! Häkle dafür jeweils zu Beginn der Runde 2 halbe Stäbchen zusammen!
3. Vor der drittletzten Runde fülle die Möhre mit Watte!
4. Für das Möhrenkraut häkle eine Luftmaschenkette mit 120 Luftmaschen in Grün und binde die Fadenenden zusammen!
5. Nun lege sie mittig 2-mal zusammen und nähe sie an die Möhre!

Stummelschwanz
1. Fertige einen Bommel in Gelb-Olivgrün an (Anleitung, siehe Seite 18)!

Und zum Schluss:

Fülle die Hohlformen mit Watte und der Styroporkugel! Nähe alle Teile zusammen! Nähe die Knöpfe als Augen auf die Augenpunkte! Sticke Nase und Mund auf!

Das brauchst du:

- *dünnes Garn aus 100 % Polyacryl in Froschgrün, Gelb, Pink, Weiß, Orange, Olivgrün*
- *2 Knöpfe in Pink, ø 1,4 cm*
- *Styroporkugel, 8 cm ø*

アクション

Action

Natsuki

So häkelst du:

Beachte die Häkel-Geheimschrift und die Figurenzeichnungen für die Katze!

Kopf
Häkle je einen Kreis (ø ca. 11 cm) in Weiß und in Rosa!

Körper
Häkle einen Körper in Weiß!

Beine
1. Häkle zwei Beine in Rosa-Weiß! Beginne mit Rosa!
2. Ab der einfachen Abnahme (jede Runde 1 Masche) häkle in Weiß weiter!

Arme
1. Häkle zwei Arme in Rosa-Weiß! Beginne mit Rosa!
2. Ab der einfachen Abnahme (jede Runde 1 Masche) häkle in Weiß weiter!

Schwanz
1. Häkle einen Kreis (ø ca. 2,5 cm) in Rosa!
2. Häkle nun ca. 3 cm mit Abnahme! Nimm dabei in jeder Runde 1 Masche ab!
3. Wechsle die Farbe und häkle in Weiß ca. 8 cm ohne Abnahme weiter!
4. Beende die Häkelarbeit mit 1 Kettmasche!

Augenpunkte
Häkle zwei Kreise (ø ca. 2,5 cm) in Pink!

Bauchpunkt
Häkle einen Kreis (ø ca. 4 cm) in Rosa!

Ohren
1. Häkle je ein Dreieck in Rosa und in Weiß!
2. Umhäkle alle Seiten mit Kettmaschen!

Kette mit Amulett
1. Für die Kette häkle eine Luftmaschenkette mit 25 Luftmaschen!
2. Häkle eine Reihe Kettmaschen!
3. Für das Amulett häkle ein Oval von ca. 2,5 cm!
4. Sticke mit Platt- und Reihstichen eine Maus in Weiß auf! Sticke in Schwarz einen Stich für das Auge der Maus auf!

Und zum Schluss:

Fülle die Hohlformen mit Watte und der Styroporkugel! Nähe alle Einzelteile zusammen! Nähe die Knöpfe als Augen auf die Augenpunkte! Sticke die Nase in Pink auf! Nähe das Amulett um den Hals!

Das brauchst du:

- *dünnes Garn aus 100 % Polyacryl in Rosa, Pink und Weiß*
- *Faden in Schwarz*
- *2 Knöpfe in Weiß, 1,8 cm ø*
- *Styroporkugel, 8 cm ø*

愛してる

Ich bin verliebt

Akio

So häkelst du:

Beachte die Häkel-Geheimschrift und die Figurenzeichnungen für den Jungen!

Kopf
Häkle zwei Kreise (ø ca. 11 cm) in Natur!

Körper
1. Häkle einen Kreis (ø ca. 6 cm) in Hellblau!
2. Häkle ca. 1,5 cm weiter mit Zunahme! Nimm dabei in jeder Runde 2 Maschen zu!
3. Wechsle die Farbe und häkle in Hellgelb weiter!
4. Häkle dann ca. 4 cm mit Abnahme! Nimm dabei in jeder Runde 2 Maschen ab!
5. Nach ca. 2 cm häkle in Natur eine V-Form ein! Beginne mit 2 Stäbchen in Natur, dann nimm in jeder weiteren Runde beidseitig 2 Maschen zu!
6. Beende die Häkelarbeit mit 1 Kettmasche!
7. Für den Hemdrand häkle aus jedem halben Stäbchen der ersten gelben Runde eine Kettmasche!
9. Häkle drei Runden halbe Stäbchen weiter!
10. Ende mit einer Kettmasche!

Beine
1. Häkle zwei Beine in Weiß-Blaugrau! Beginne mit Weiß!
2. Ab der einfachen Abnahme (jede Runde 1 Masche) häkle in Weiß weiter!

Arme
1. Häkle zwei Arme in Natur-Gelb! Beginne mit Natur!
2. Nachdem du ca. 1,5 cm mit der einfachen Abnahme (jede Runde 1 Masche) gehäkelt hast, häkle in Gelb weiter!

Augen
1. Häkle zwei Kreise (ø ca. 1,5 cm) in Dunkelbraun!
2. Beende die Häkelarbeit mit einer Runde Kettmaschen in Rotbraun!

Ohren
Häkle zwei Kreise (ø ca. 2,5 cm) in Natur!

Haare
1. Schneide so viele Fäden in einer Länge von 4 cm zu, bis der Kopf bedeckt ist!
2. Häkle die Fäden in die halben Stäbchen ein!

Stirnband
1. Schlage 56 Luftmaschen in Hellgelb an, schließe sie mit 1 Kettmasche zu einem Ring!
2. Mache 2 Ersatzluftmaschen und häkle 2 Runden halbe Stäbchen!
3. Beende die Häkelarbeit mit einer Kettmasche!

Emblem
Häkle ein Oval von ca. 2,5 cm in Olivgrün!

Und zum Schluss:

Fülle die Hohlformen mit Watte! Nähe alle Teile zusammen! Sticke die Nase in Rosa, die Schnürsenkel in Dunkelbraun, einen Blitz in Weiß auf das Emblem auf! Verziere die Ränder des V-Ausschnittes und der Ärmel in Olivgrün!

Das brauchst du:

- *dünnes Garn aus 100 % Polyacryl in Blaugrau, Hellgelb, Dunkelbraun, Natur, Weiß, Rotbraun, Rosa und Olivgrün*
- *Styroporkugel, 8 cm ø*

男の子

Junge

Yoko

So häkelst du:

Beachte die Häkel-Geheimschrift und die Figurenzeichnungen für das Mädchen!

Kopf
Häkle zwei Kreise (ø ca. 11 cm) in Natur!

Körper
Häkle einen Körper in Natur!

Beine
1. Häkle zwei Beine in Weiß-Natur! Beginne mit Weiß!
2. Nachdem du ca. 1 cm mit der einfachen Abnahme (jede Runde 1 Masche) gehäkelt hast, häkle in Natur weiter!

Arme
Häkle zwei Arme in Natur!

Augen
1. Häkle zwei Kreise (ø ca. 1,5 cm) in Schwarz!
2. Beende die Häkelarbeit mit eine Runde Kettmaschen in Hellblau!

Ohren
Häkle zwei Kreise (ø ca. 2,5 cm) in Natur!

Haare
1. Schneide je 8 Fäden in Weiß und Orange, ungefähr 200 Fäden in Grün in 24 cm Länge zu!
2. Häkle am Oberkopf fünf Reihen in die halben Stäbchen ein!
3. Fasse die Fäden zu einem Zopf zusammen und binde einen Faden darum!

Bauchpunkt
Häkle einen Kreis (ø ca. 4 cm) in Grün!

Kleid
1. Für Vorder- und Rückenteil häkle je eine Luftmaschenkette mit 27 Luftmaschen!
2. Mache 2 Ersatzluftmaschen und häkle weiter mit halben Stäbchen!
3. Nimm dabei am Ende jeder Reihe 1 Masche ab, indem du die letzten 2 halben Stäbchen zusammenhäkelst!
4. Häkle Reihe 3 und 4 in Hellorange, dann mit Orange weiter!
5. Nähe Vorder- und Rückenteil zusammen!
6. Für die Träger häkle je eine Kette mit 12 Luftmaschen und nähe sie am Kleid fest!

Tasche
1. Häkle eine Luftmaschenkette mit 12 Luftmaschen und 14 Reihen halbe Stäbchen in Weiß! Beginne jede Reihe mit 2 Ersatzluftmaschen!
2. Falte das Rechteck zur Hälfte und nähe die Seiten zu!
3. Sticke mit einem Silberfaden ein Herz und den Rand auf!
4. Nähe einen 13 cm langen Silberfaden als Riemen an die Tasche!

Und zum Schluss:

Fülle die Hohlformen mit Watte und der Styroporkugel! Nähe alle Teile zusammen! Sticke die Nase in Rosa und die Schnürsenkel in Orange auf!

Das brauchst du:

- *dünnes Garn aus 100 % Polyacryl in Neon-Orange, Hellorange, Dunkelbraun, Natur, Weiß, Hellblau, Rosa und Neon-Grün*
- *Faden in Silber*
- *Styroporkugel, 8 cm ø*

女の子

Mädchen

Bauplan

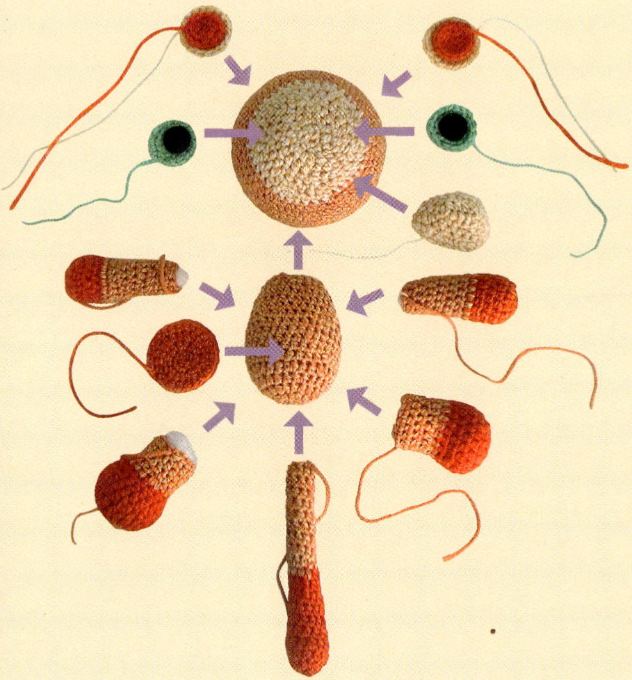

CREATIV-HOTLINE
WIR SIND FÜR SIE DA!
Montag bis Freitag von 10.00 bis 16.00 Uhr unter der Rufnummer
0 76 23 / 96 44 17

Impressum

Entwürfe, Realisation, Figurenzeichnungen: Nelli Bolgert
Texte: Ralph Krumbacher, Christine Müller
Lektorat: Christine Müller
Redaktion: Anke Sturm
Fotos: André Noll, außer: ravek gesellschaft für bild- und datentechnik mbh (Seiten 4), Nelli Bolgert (Seiten 8, 9)
Styling: André Noll, außer: Gundula Steinert (Seiten 4), Nelli Bolgert (Seiten 8, 9)
Häkelschriften, Fachkorrektur: Sabine Schidelko
Technische Häkelzeichnungen: Brigitte Fischer
Layout: Dieter Richert, Freiburg/Köln
Umschlaggestaltung und Reproduktion: buchkonzept@web.de
Druck und Verarbeitung: Himmer AG, Augsburg

ISBN 978-3-86673-021-2
Art.-Nr. 2021

Hersteller

Garne: Coats GmbH, Kenzingen,
Österreich: Coats Harlander GmbH, Wien,
Schweiz: Coats Stroppel AG, Turgi
www.coatsgmbh.de
Nadeln: Prym Consumer GmbH, Stolberg
Österreich: Coats Harlander GmbH, Wien,
Schweiz: Boettcher AG, Luzern
www.prym-consumer.com
Knöpfe: Union Knopf GmbH, Bielefeld,
www.unionknopf.com